TRAWS-OLWG

TRAWS-OLWG

Trawsfynydd a'r ardal fel y bu

yLolfa

Argraffiad cyntaf: 2017

Dymuna'r cyhoeddwyr gydnabod cymorth ariannol Cyngor Llyfrau Cymru.

Llun y clawr: Swyddfa bost Glasfryn a'r Highgate Hotel
Cynllun y clawr: y Lolfa

Rhif llyfr rhyngwladol: 978 1 78461 467 6

Cyhoeddwyd ac argraffwyd yng Nghymru
gan Y Lolfa Cyf., Talybont, Ceredigion, SY24 5HE
e-bost: ylolfa@ylolfa.com
y we: www.ylolfa.com
ffôn: 01970 832304
ffacs: 01970 832782

Arwr ddoe yn gwarchod heddiw

Yesterday's hero gives life to today

Tua chanol y 70au oedd hi, pan y ces fy nghyfareddu wrth ddarllen *Hanes Bro Trawsfynydd* gan gangen Merched y Wawr Traws, a sylweddoli fy mod yn byw mewn cornel fach unigryw o Gymru. Ardal sy'n meddu ar harddwch naturiol syfrdanol yw hon, hyd yn oed gweundir y Feidiogydd a greithiwyd gan fagnelau am dros hanner can mlynedd, ond sydd bellach yn gynefin i bob math o fflora a ffawna arbennig. Ardal hefyd sy'n gyfoethog o ran hanes, diwydiant, diwylliant ac wrth gwrs yr iaith Gymraeg.

Wrth sôn am ddiwydiant, rhaid crybwyll diwedd cyfnod cynhyrchu trydan niwcliar o'r Atomfa yng nghanol y 90au, a'r pryder am y dyfodol a ddaeth yn ei sgil. Roedd un o gonglfeini economaidd yr ardal wedi cael ei cholli a chrewyd angen i sicrhau gwaddol fyddai'n gwarchod ei dyfodol, felly bu i'r diweddar annwyl gyfaill Isgoed Williams a minnau berswadio'r Cyngor Cymuned i gynnal arolwg bro ym 1996. Codwyd nifer o syniadau o'r ymarferiad hwnnw, gyda blaenoriaeth yn cael ei roi, drwy gyfarfodydd cyhoeddus, i ddatblygu'r llyn a gwneud rhywbeth ynglŷn â Highgate – adeilad amlwg yng nghanol y pentre oedd yn dirywio ac yn darged i fandaliaid.

In the mid 70s, I was fascinated to read a book about Trawsfynydd by our local branch of Merched y Wawr, and to realise that I lived in a unique corner of Wales. Here is an area of striking natural beauty, even the moorland of the Feidiogydd, scarred by artillery for over half a century, but now home to all sorts of wonderful flora and fauna. It is also an area enriched by history, industry and culture, and of course by its place as a stronghold of the Welsh language.

When referring to industry, the closing of the nuclear power station, in the mid 90s, brought great worries about the future. A corner-stone of the economy was lost, and there was an urgent need to secure the area's future. Thus it was that my dear departed friend Isgoed Williams and myself persuaded the Community Council to conduct a community appraisal in 1996. A number of ideas were hatched, with priority given during public meetings to the development of the lake and Highgate – a prominent building in the middle of the village, now deteriorating and a target for vandals.

For legal reasons it wasn't possible for the Community Council to move forward with these projects. Therefore,

Am resymau cyfreithiol nid oedd yn bosib i'r Cyngor Cymuned ddatblygu'r blaenoriaethau a nodwyd uchod. Felly ymgorfforwyd Traws-Newid fel cwmni cymunedol drwy warant ym 1998, gyda'r bwriad o wireddu dyheadau'r gymuned a rhoi sylw arbennig i'r llyn a Highgate.

Gwyddem fod y plwy'n dymuno cael amgueddfa i gofnodi ei hanes ers codi cerflun Hedd Wyn yn 1923, ond oherwydd prinder arian nid oedd yn bosib cyrraedd y nod ar y pryd. Gyda hyn mewn golwg a chymorth grantiau sylweddol, gweddnewidiwyd Highgate, gan gynnwys newid yr enw i Llys Ednowain – Canolfan Treftadaeth a Hostel. Ailwampiwyd yr adeilad yn gyfan gwbl â phwyslais ar fod yn gynaliadwy. Cafodd llawr y siop ei droi'n arddangosfa gyda sylw arbennig i hanes Hedd Wyn ac arwr arall adnabyddus o'r Traws, y Sant a'r Merthyr John Roberts. Newidiwyd yr hen swyddfa yn oriel – Oriel Moi Plas mewn teyrnged i Morris Davies, cyfaill pennaf Hedd Wyn. Bu i'r ddau lawr uchaf gael eu newid yn hostel sy'n cynnig lle i 20 o ymwelwyr a chafodd ystafelloedd y seler eu troi'n weithdai, newidiadau a ddaeth yn ffynhonnell incwm i gynorthwyo'r ganolfan.

Wrth gyfeirio at Moi Plas, dyna ysbrydoliaeth arall i mi, ac mae ein dyled iddo yn Nhrawsfynydd yn enfawr am ei drafferth wrth gofnodi hanes yr ardal yn drylwyr. Mae ffrwyth llafur ei waith mewn casgliad arbennig o'i eiddo yn y Llyfrgell Genedlaethol yn Aberystwyth. Yn ôl ei gofiant gan J E Williams, cymeriad llawn hwyl a direidi ydoedd, ond hefyd hanesydd lleol brwd. Gwelodd werth mawr yn nhreftadaeth a diwylliant y fro hon, sy'n amlwg o'i lawysgrifau a chasgliadau o doriadau papur newydd a hen luniau. Mae hyn yn rhywbeth rwyf wedi ceisio

Traws-Newid was formed as a community company through warranty in 1998, in order to realise the community's wishes.

One such wish was to house a museum to commemorate its history since the unveiling of poet Hedd Wyn's statue in 1923, but because of a lack of funds this was not possible at the time. With this in mind, and the help of substantial grants, Highgate was transformed, including changing the name to Llys Ednowain heritage centre and hostel. The building was completely remodelled with emphasis on sustainability. The shop floor became an exhibition room, celebrating Hedd Wyn and other local heroes, such as John Roberts, the Saint and Martyr. The old office became an art gallery, Oriel Moi Plas, in tribute to Morris Davies, Hedd Wyn's best friend. The two top floors became a hostel for 20 visitors and the cellar was turned into workshops.

Moi Plas has been a source of great inspiration for me. We in Trawsfynydd are indebted to him for recording our local history so diligently, and the fruit of his labour can be seen in the National Library at Aberystwyth. According to his biography by J E Williams, he was a fun-filled and mischievous character, but also an avid local historian. He valued local heritage and culture, which is apparent from his transcripts and collections of newspaper cuttings and old photographs. This is something I have tried to emulate by writing essays and articles about the area, and collecting old photos and postcards. When Llys Ednowain's doors opened in 2004, we asked local people for more photos and were stunned to see people flock here armed with old shoe boxes, and the like, full of images ready to be scanned.

efelychu drwy ysgrifennu ambell draethawd neu erthygl am yr ardal a thrwy gasglu hen luniau a chardiau post. Pan agorwyd drysau Llys Ednowain yn 2004, gwnaethpwyd cais i drigolion y plwy' am fwy o luniau ac roedd yn hynod o galonogol gweld pobl yn tyrru yno, gyda hen focsys esgidiau neu debyg yn llawn o ddelweddau i'w sganio.

Fel ffotograffydd rwyf hefyd wedi cael fy nylanwadu gan Sam Jones, Bronaber. Roedd Sam yn arbenigo mewn tynnu lluniau o'r Camp Milwrol ym Mronaber yn negawdau cynnar y ganrif ddiwethaf. Roedd ganddo lygad arbennig am dirluniau ac roedd yn feistr ar eu cyfansoddi, gan ddefnyddio elfennau naturiol, megis coed a muriau er mwyn fframio a chreu llinellau arweiniol tuag at y gwrthrychau gwahanol.

I gloi, penderfynwyd cyhoeddi'r gyfrol hon fel cyfraniad Traws-Newid i gynllun Cyfeillion yr Ysgwrn i gofio canmlwyddiant marwolaeth Hedd Wyn ac Eisteddfod y Gadair Ddu yn haf 2017. Mae ein diolch diffuant i'r Lolfa am eu parodrwydd i'w chyhoeddi, yn sicr ni fyddai wedi gweld golau dydd heb eu cymorth. Mae Sion Tomos a Helen Wyn Jones, staff Llys Ednowain, wedi gweithio'n dawel bach yn y cefndir trwy gydlynu a threfnu nifer o bethau ynghlwm â'r gyfrol ac mae ein diolch iddynt hwy hefyd. Yn ogystal, i Dewi Prysor, mab arall o'r ardal sydd wedi sicrhau ei le, ac ennill parch, yn lleol ac yn genedlaethol, fel llenor, bardd, hanesydd a chyflwynwr rhaglenni teledu. Fel y gwelwch, mae ei eiriau graenus yn ychwanegiad diddorol a gwerthfawr i'r llyfr pwysig hwn.

Keith T. O'Brien
Cadeirydd Traws-Newid

As a photographer I have also been influenced by Sam Jones, Bronaber, who specialized in taking pictures of the Military Camp during the first decades of the last century. He had an exceptional eye for landscapes and was a master of composition, using natural elements, such as trees and walls, to frame and create leading lines towards various subjects.

To finish, it was decided to publish this book as Traws-Newid's contribution towards Friends of Yr Ysgwrn's plans to commemorate the centenary of the death of Hedd Wyn and the Eisteddfod of the Black Chair in the summer of 2017. We offer our sincerest thanks to the Lolfa; certainly this publication would not have seen the light of day without their help. Our thanks also go to Sion Tomos and Helen Wyn Jones, Llys Ednowain's staff, who have worked quietly in the background coordinating and arranging numerous matters associated with this volume. Likewise to Dewi Prysor, another local lad who has made his mark, winning respect, both locally and nationally, as a writer, poet, historian and television presenter. As you can see, the richness of his words are a fascinating and valuable addition to this important book.

Keith T. O'Brien
Chairman of Traws-Newid

Mewn lluniau mae stori

Rydan ni i gyd yn hoff o edrych ar hen luniau. Boed mewn albwm teuluol neu arddangosfa, mae pori trwyddyn nhw'n dod ag atgofion melys wrth i ni un ai ail-fyw achlysuron arbennig efo anwyliaid, neu wrth iddynt bwysleisio cysylltiad â gorffennol sydd wedi mynd, ond sy'n aros yn rhan annatod ohonom.

Ffenestri bychain i oes a fu ydi hen luniau, a thrwyddyn nhw cawn gip ar fywyd ein cyndeidiau a'n cymuned. Yn ddarnau bach o hanes sy'n hoelio'n diddordeb ac yn cipio'n dychymyg, mae hen luniau yn cyfleu y syniad o berthyn, o fod â gwreiddiau sy'n estyn yn ôl trwy'r cenedlaethau. Mae pob llun yn adrodd stori, ac rydan ninnau'n rhan o'r stori honno.

Mae stori Trawsfynydd wedi'i gosod ar y llwyfandir uchel sy'n gorwedd rhwng cadwyn mynyddoedd trawiadol y Rhinogydd ac unigeddau uchel mynyddoedd yr Arenig. Dyma'r tirlun a ysbrydolodd Hedd Wyn a chenedlaethau o feirdd i anfarwoli'r fro a'i stori fawr sydd mor hen â'r mawn a'r grug a'r creigiau eu hunain, a fu'n canu trwy'r afonydd a'r cymoedd ers canrifoedd maith, ymhell, bell cyn dyfodiad ffotograffiaeth.

Stori hynod ddramatig ydi stori Trawsfynydd. Petai camerâu wedi bod yma o'r dechrau byddai gennym luniau o olygfeydd fyddai'n deilwng o unrhyw 'flocbystar' yn Hollywood.

Pictures that tell a story

We all enjoy looking at old pictures. Whether browsing an old family album or at an exhibition, sweet memories are conjured as we recall special occasions spent with loved ones, or connect with a past which is still an integral part of us.

Old pictures form tiny windows through which we catch glimpses of the lives of our forefathers and communities. As little bits of history that grab our attention and seize our imagination, old photos convey a sense of belonging, of having roots stretching back through the generations. Every picture tells a story, and we are part of that story.

Trawsfynydd's tale is set on the highland plateau between the stunning Rhinog mountain range and the bleak-but-beautiful Arenig masif. This is the landscape which inspired Hedd Wyn and generations of bards to immortalize the land and its wondrous story – a tale as old as the peat and heather and the rocks themselves, an ode that has sung with the streams and valleys for centuries, long before the birth of photography.

Trawsfynydd's story is nothing less than dramatic. Had there been cameras here at the beginning, the scenes would be worthy of any Hollywood blockbuster. Imagine photos of

Dychmygwch luniau o'r Llywodraethwr Rhufeinig, Agricola, yn arwain ei lengfilwyr i ymladd llwyth lleol yr Ordoficiaid, yn codi caer Tomen y Mur ac adeiladu'r ffordd oedd yn arwain yno o Gaergai, drwy Gwm Prysor ac heibio glannau hudolus Llyn Rhuthlyn. Dychmygwch luniau o dywysogion Cymreig yn codi Castell Prysor, neu lun o'r Llys a sefydlwyd yno, ac – o bosib – Llywelyn Fawr ei hun, a'i osgordd, yn gwledda yn y Neuadd Fawr! Neu hyd yn oed Edward y Cyntaf yn pôsio'n falch â phluen yn ei law wrth arwyddo gwaith papur darostyngiad Gwynedd. Efallai, hefyd, luniau teuluol rhai o fân-fonedd Cymreig y fro – y Sant John Roberts, Rhiw Goch, yn ffarwelio â'i deulu wrth adael am Rydychen a'i lwybr tynghedus i Ewrop, ei droëdigaeth Babyddol a'i ferthyrdod erchyll yn Nhyburn, Llundain; neu'r Capten Morgan yn carlamu o Gelli Iorwerth am Garreg yr Ogo' a milwyr Cromwell ar ei sodlau. Hyn oll a llawer, llawer mwy – dyna i chi be fyddai albwm lluniau!

Ond tydi stori fyrlymus Trawsfynydd ddim yn gorffen yn fan hyn. I ddweud y gwir, tydi hi ddim ond megis dechrau. Os bu cyfnodau'r Rhufeiniaid a'r Tywysogion yn Traws yn rhai cyffrous a dramatig, wel, tydi'r hyn ddigwyddodd i'r ardal o ganol y bedwaredd ganrif ar bymtheg ymlaen yn ddim llai nag epig! Ac erbyn i'r ugeinfed ganrif â'i holl newidiadau ysgytwol sgubo i mewn, mi fyddai camerâu yn aros amdani, yn barod i gofnodi'r cyfan i gyd...

Yn ail hanner y bedwaredd ganrif ar bymtheg bu twf aruthrol yn y diwydiant llechi cyfagos ym Mlaenau Ffestiniog. Ond bu cryn chwarelydda yn ardal Trawsfynydd hefyd wedi i fwynau gwerthfawr manganîs, copr ac aur gael eu canfod ar ymylon y llwyfandir. Agorwyd nifer o weithfeydd yn yr ardal –

Agricola, Roman Governor of Britain, leading his legionaries to quell the local Ordovices tribe, building the fort at Tomen y Mur and the road that led to it from Caergai, through Cwm Prysor, brushing the enchanting shores of Llyn Rhuthlyn on the way. Or photos of Welsh princes building Castell Prysor, of the Llys founded there, and – who knows – maybe Llywelyn Fawr himself, with entourage, feasting in the Neuadd Fawr! Or even Edward I posing triumphantly, quill in hand as he rubber-stamps the fall of Gwynedd. Or maybe family photos of some local Welsh nobility; Saint John Roberts of Rhiw Goch, bidding farewell to his parents as he left for Oxford and his fateful journey to Europe, his conversion to Roman Catholicism and bloody martyrdom at Tyburn, London; or Captain Morgan galloping from Gelli Iorwerth to Garreg yr Ogo' with Cromwell's soldiers on his tail. All this and much, much more – what an album that would be!

But Trawsfynydd's rampant story doesn't end here. In fact, this is but the beginning. If the times of Romans and Princes were exciting and dramatic, what happened to the area from the mid 19th century onwards is nothing short of epic! And by the time the 20th century stormed in with all its sweeping changes, there would be cameras ready to record it all...

The second half of the 19th century saw a dramatic growth in the slate industry in nearby Blaenau Ffestiniog. But there was a fair bit of mining around Trawsfynydd too, following the discovery of deposits of precious minerals such as manganese, copper and gold on the outer reaches of the plateau. A number of workings opened in the area – many within or near the parish boundary – and the nearby hills saw two 'gold

llawer ohonynt oddi mewn, neu ar gyrion, plwy' Trawsfynydd – a gwelodd y bryniau cyfagos ddau 'ruthr aur' yn yr 1850au a'r 1860au. Parhaodd rhai o'r gweithfeydd mwyaf llwyddiannus i weithio hyd at ddiwedd y ganrif (ac ailagor sawl gwaith wedi hynny), a bu i waith aur Bwlch y Llu (y Prince Edward) ym mhen gogledd-ddwyreiniol plwy' Trawsfynydd daro ar wythïen gyfoethog o aur yn 1911.

Yn yr 1880au cynnar agorwyd y rheilffordd rhwng y Bala a Blaenau Ffestiniog, oedd yn rhedeg trwy Trawsfynydd, ac o fewn 20 mlynedd sefydlwyd gwersyll hyfforddi milwrol ar gyrion y pentref. Yn 1906 symudwyd y gwersyll i safle parhaol ym Mronaber, ddwy filltir i'r de. Parhaodd 'Y Camp' a'r maes tanio enfawr oedd wedi meddiannu Cwm Dolgain a'r Feidiogydd, a rhai o lethrau deheuol Cwm Prysor, hyd at 1959.

Nawr bod y gwersyll milwrol wedi dod â newidiadau cymdeithasol trawiadol i'r ardal, a thechnoleg peirianwaith rhyfela wedi ysgwyd (yn llythrennol!) y gymuned wledig i'w sail, anodd fyddai rhagweld newid ysgubol arall yn cyrraedd y fro, yn enwedig datblygiad peirianyddol digon anferthol i newid y plwy' y tu hwnt i bob dychymyg. Ond yn yr 1920au, dyna'n union ddigwyddodd pan godwyd argae ar draws ceunant Llennyrch er mwyn cronni dŵr Afon Prysor i greu Llyn Trawsfynydd, fyddai'n cyflenwi dŵr i orsaf bŵer hydro newydd ym Maentwrog erbyn 1928. Ac fel petai hynny ddim yn ddigon, yn 1959 dechreuwyd adeiladu'r atomfa – gorsaf bŵer niwcliar gyda dau adweithydd magnox – fyddai hefyd yn defnyddio dŵr y llyn ar ôl agor yn 1965.

Pwy sydd angen lluniau Agricola neu Edward y Cyntaf tra bo gennym gofnod ffotograffyddol o'r newidiadau trawiadol

rushes' in the 1850s and 1860s. Some of the more successful mines were worked until the end of the century (and later reopened several times), while the Prince Edward gold-mine at Bwlch y Llu, in the north-eastern corner of Trawsfynydd parish, struck a rich vein of gold in 1911.

The railway between Bala and Blaenau Ffestiniog, running through Trawsfynydd, opened in the early 1880s and within 20 years a military training camp was established on the outskirts of the village. In 1906 the camp was moved to a more permanent site, two miles south at Bronaber. Both 'the Camp' and the massive firing range that occupied Cwm Dolgain and the Feidiogydd, plus some of Cwm Prysor's southern slopes, remained in use until 1959.

With such striking social changes arriving with the military camp, and the technology and machinery of war shaking (literally!) the rural community to its foundations, who could ever envisage further sweeping changes hitting the area – especially an engineering project so vast it would alter the parish beyond recognition. But in the 1920s, that's exactly what happened when a dam was built across Afon Prysor at Ceunant Llennyrch, creating Trawsfynydd Lake to supply water for a new hydro power station at Maentwrog by 1928. And if that was not enough, in 1959 building started on a twin magnox reactor nuclear power station, which would also use water from the lake after opening in 1965.

Who needs photos of Agricola or Edward I while we have a photographic record of such striking developments as those above! In this booklet we have a selection of pictures collected over the years by Keith O'Brien, pictures that give us a taste of

uchod! Ac yn y llyfr hwn ceir detholiad o'r lluniau a gasglwyd dros y blynyddoedd gan Keith O'Brien, casgliad sy'n rhoi blas o'r dreftadaeth hanesyddol arbennig ac unigryw iawn hon. Un o hogiau Traws ydi Keith, wedi'i eni a'i fagu yn y pentref, ac mae'n adnabyddus i ni fel un o garedigion y fro a hanesydd brwd a phenigamp sy'n sgwennu'n helaeth am hanes lliwgar ei filltir sgwâr. Mae o hefyd yn ffotograffydd o fri, a rhwng tynnu lluniau heddiw a gwarchod lluniau ddoe, mi fydd treftadaeth Trawsfynydd yn goroesi ar gyfer cenedlaethau'r dyfodol.

Dyma ffotograffau fydd o ddiddordeb i drigolion Trawsfynydd a chymunedau eraill ar draws Cymru, yn ogystal ag i haneswyr yn gyffredinol. Ond nid yr hanes ei hun sy'n serennu yn y lluniau, o bosib, ond y bobl – y gymuned a'i chymdeithas, y dynion a'r merched oedd yn *byw* trwy newidiadau'r cyfnod, yn rhan o'r hanes ac yn ei *greu*, y cymeriadau oedd yn sicrhau fod stori Traws yn parhau.

Dyna ydi gwir drysor y lluniau. Yn ogystal â rhoi blas o'r datblygiadau deinamig yr oedd y gymuned yn byw yn eu cysgod, maen nhw hefyd yn darlunio bywyd bob dydd y pentref a'r plwy' trwy weithgaredd cymunedol, clybiau a chymdeithasau a sefydliadau, siopau a busnesau, capeli a ffermydd – llawer ohonynt wedi hen ddiflannu erbyn hyn – yn ogystal â chymeriadau cyfarwydd i gymaint ohonom ni sy'n hanu o'r ardal. Mae'r lluniau nid yn unig yn atgyfnerthu'r syniad o berthyn, ond yn dod â ddoe y pentref yn fyw i ni. Yn y lluniau hyn mae stori Trawsfynydd.

Dewi Prysor, Mehefin 2017

Trawsfynydd's colourful and unique historical heritage. Keith is a *Traws* boy, born and bred, and is well-known locally as an avid and able historian who has written extensively about Trawsfynydd and the area's celebrated individuals. He is also a renowned photographer, and by taking pictures today and protecting yesterday's snapshots, he helps to safeguard Trawsfynydd's heritage for generations to come.

The photographs on these pages will interest Trawsfynydd people and other communities across Wales, as well as historians in general. But it is not the history itself that stars in these pictures, but the people – the community and its society, the men and women who lived through the changes, who were part of the history and who created it; the characters who ensured that Traws's story carried on.

This is the true value of these pictures. As well as providing a taste of the great changes the community lived with, they also portray everyday life through various community activities, clubs and societies, shops and businesses, chapels and farms – many of which have now disappeared – as well as characters familiar to many of us who hail from the area. Not only do these photographs strengthen the sense of belonging, they also bring the village's past to life. In these pictures we have the story of Trawsfynydd.

Dewi Prysor, June 2017

Gweld y newid

Seeing the changes

Adeiladu'r Atomfa gyda chraen 'Goliath'.

Building the power station with the 'Goliath' crane.

Ceir o flaen adeilad y Clwb Pysgota yn llenwi'r maes parcio ar gyfer diwrnod prysur o enweirio ar y llyn.

Cars in front of the Fishing Club's building filling the car park ready for a busy day angling on the lake.

Cyn dyfodiad y llyn, safai'r Dolwen gwreiddiol yn y coed, yn y pellter canol.

Before the lake's creation, the original Dolwen was in the trees, in the middle distance.

Adeiladu Prif Argae Llyn Trawsfynydd ym Mehefin, 1926.

Building the Main Dam at Trawsfynydd Lake in June, 1926.

Gweithwyr yn trwsio Prif Argae Llyn Trawsfynydd ym 1939.

Workers repair Trawsfynydd Lake's Main Dam in 1939.

Dau ddyn yn adeiladu'r ffordd newydd wrth afon Islyn ym 1927, gan edrych i'r de.

Two men building the new road near the river Islyn in 1927, looking south.

Islaw'r Coed a adeiladwyd yn wreiddiol ar gyfer gweithwyr y North Wales Power Company ac sydd bellach wedi ei ddymchwel.

Islaw'r Coed which was built for North Wales Power Company workers and which has subsequently been demolished

Frongaled ym 1927, gyda chriw o blant yn modelu i'r camera.

Frongaled in 1927, with a group of children posing for the camera.

Capel Wesla a Phenygarreg.

The Wesleyan Chapel and Penygarreg.

Llun cynnar o Benygarreg yn dangos cymaint o siopau oedd yn y pentref yr adeg honno o'i gymharu â heddiw.

An early photograph of Penygarreg Street showing the number of shops at the time compared with today.

Manchester House (Siop Bapur), heb newid llawer.

Manchester House (Paper Shop). Not much has changed.

Tu allan i borth yr Eglwys ym 1966.

Outside the church porch in 1966.

Yr Eglwys heb ei tho, yn dilyn tân ym 1978.

The Church minus its roof, following a fire in 1978.

Stryd Maengwyn (Ffordd Groes) a Tŷ'r Plwy' yn y cefndir gyda Robert Knight a Katherine O'Brien, yn eira mawr 1947.

Maengwyn Street (Ffordd Groes) and Tŷ'r Plwy' in the background with Robert Knight and Katherine O'Brien, in 1947's great snowfall.

Stryd Maengwyn gyda Tŷ'r Plwy' yn y pen draw, sydd bellach wedi ei ddymchwel.

Maengwyn Street with the Parish House at the far end, which has now been demolished.

Ffordd Groes neu Stryd Maengwyn. Fe ddymchwelwyd y tai hyn ac adeiladwyd rhes o fyngalos mwy newydd yn eu lle.

Maengwyn Street. These houses have been demolished and replaced by a row of newer bungalows.

Tyrfa wedi casglu i dynnu ei llun y tu allan i Glasfryn, rhywbryd cyn 1921.

A crowd gathered to have their photograph taken in front of Glasfryn, at some point before 1921.

Swyddfa Bost Glasfryn a'r Highgate Hotel.

Glasfryn Post Office and the Highgate Hotel.

Edrych i fyny'r pentref heibio Capel Moria, Glasfryn a Highgate.

Looking up the village past Moriah Chapel, Glasfryn and Highgate.

Adeiladu Neuadd Gyhoeddus Trawsfynydd ym 1911. Y dyn cyntaf ar y chwith yw Evan Roberts, 6 Tŷ Gwyn.

Building Trawsfynydd Public Hall in 1911. The first man on the left is Evan Roberts, 6 Tŷ Gwyn.

Criw o ddynion tu allan i siop y cigydd, gan gynnwys Pierce Lewis, y cigydd ei hun, ar y chwith.

A group of men outside the butchers, including Pierce Lewis, the butcher himself, on the left.

(Yn y cefn / *At the back*): Sally Snarr, Evelyn Jarrett ac Islwyn Williams.

(Yn y canol / *In the middle*): Beryl Jarrett, Islwyn 'Tish' Lewis a Mair Jones.

(Ar y gwaelod / *At the bottom*): Iorwerth 'Iôr' Jones, Cassie Evans, Eurwyn Roberts a Mattie Lewis.

Shelter – rhodd i blwyfolion Trawsfynydd gan Mr Higgnet o Lerpwl, i ddiolch am eu croeso a'u caredigrwydd tuag ato.

Shelter – a gift to the people of Traws from Mr Higgnet of Liverpool, in appreciation of their warm welcome and kindness towards him.

Siop Beehive, siop y Tŷ Capel ynghyd â'r capel.

Beehive shop, Chapel House shop together with the chapel.

Y Cross Foxes yn edrych tuag at Gapel Moreia a'r Tŷ Capel a hwnnw yn gweithio fel siop.

The Cross Foxes looking towards Moriah Chapel and the Chapel House as a shop.

Dadorchuddio cofeb i'r gwroniaid ym 1921. Symudwyd y gofeb i'w safle presennol ym Mryn y Gofeb ym 1934 pan roddwyd y tir yn rhodd gan Miss Catherine Pugh, Bryn Gwyn.

Unveiling of the memorial to the fallen in 1921. The memorial was moved to its present location at Bryn y Gofeb in 1934 when Miss Catherine Pugh, Bryn Gwyn, donated the land.

Capel Annibynwyr Ebeneser cyn iddo gael ei ddymchwel.

Ebenezer Independent Chapel before it was demolished.

Cambrian Stores, sef siop J M Hughes, wedi i honno symud yno o'r stesion.

Cambrian Stores, J M Hughes' shop, after it had moved from the station.

Strydoedd Brynglas a Fronwnion gyda Siop Glyndŵr ar y dde.

Brynglas and Fronwnion Streets with Glyndŵr Stores on the right.

Stryd Prysor View ym 1909, gyda pholyn telegraff cynnar i'w weld ar y dde.

Prysor View Street in 1909, with an early telegraph pole to be seen on the right.

Garej Edgar Jones ar ddechrau'r 1930au.

Edgar Jones's Garage in the early 1930s.

Sefydlodd Hugh Thomas Hughes asiantaeth gwerthu beics ym 1903 pan oedd yn 16 oed, ac ehangu'r busnes i fod yn garej yn nes ymlaen. Bu farw o anafiadau rhyfel ym 1918.

Hugh Thomas Hughes established a cycle agency in 1903 at the age of 16, later expanding the business into a garage. He died of war wounds in 1918.

Garej Hughes yn y 1970au.

Hughes' Garage in the 1970s.

Pont Trawsfynydd a Phentre'r Bont. Mae'r rhes o dai gwynion bellach wedi ei dymchwel.

Trawsfynydd Bridge and Pentre'r Bont. The row of white houses has since been demolished.

Pont Trawsfynydd gyda'r ffordd a llwybr yr afon yn wahanol iawn i heddiw.

Trawsfynydd Bridge with the shape of the road and the river very different to today.

Pont Dolwen ym 1927, gyda meini gleision wedi eu rhoi ar hyd yr afon.

Dolwen bridge in 1927, with stone slabs laid across the river.

Ffatri Pandy ynghyd â'r cerrig camu ar draws yr afon Prysor sydd bellach wedi mynd i ganlyn y llif.

The old factory at Pandy with stepping stones across the river Prysor which have since been washed away.

Y felin a'r odyn yn Fronolau. Nodwch safle'r cae pêl-droed cyn i lwybr yr afon gael ei newid.

The mill and the kiln at Fronolau. Note the position of the football field before the course of the river was changed.

Rhiw Cefn yn edrych i lawr am Droed y Rhiw ac i fyny am y pentref, cyn dyfodiad y ffordd osgoi.

Rhiw Cefn looking down at Troed y Rhiw and up towards the village, before the coming of the bypass.

Ty'n Pistyll a Throed y Rhiw ymhell, bell, cyn adeiladu'r ffordd osgoi.

Ty'n Pistyll and Troed y Rhiw, long, long, before the bypass was built.

Plant yn sefyll ar Ffordd yr Orsaf yn arwain at y pentref.

Children standing on Station Road leading towards the village.

Ffordd yr Orsaf gyda Siop Stesion a siop J M Hughes.

Station road with the Station Shop and J M Hughes's store.

Margaret Vaughan Roberts y tu allan i Siop Stesion.

Margaret Vaughan Roberts outside the Station Shop.

Llun cynnar iawn o'r orsaf gyda'r caban signalau pren gwreiddiol a'r trên ar y cledrau anghywir, er mwyn hwyluso'r gwaith o dynnu'r llun.

A very early photograph of the station with the original wooden signal box and train on the wrong tracks, to facilitate taking the photo.

Llun cynnar o'r orsaf cyn i nifer o adeiladau gael eu codi.

An early photograph of the Station before many modern buildings were built.

Injan drên dosbarth 5700 yn croesi Traphont Cwm Prysor.

5700 Class Train crossing the Cwm Prysor Viaduct.

Injan drên dosbarth 5700 yn Stesion Trawsfynydd, ychydig cyn i'r rheilffordd gau.

A class 5700 locomotive train at Trawsfynydd Station, not long before the closing of the line.

Diwrnod dyrnu yn Hafod Wen tua 1906.

Threshing day at Hafod Wen about 1906.

Lladd gwair yn Fronsgellog.

Haymaking at Fronsgellog.

John Jones Bronaber yn cystadlu mewn treial cŵn defaid lle y bu'n llwyddiannus iawn.

John Jones Bronaber competing in a sheepdog trial where he was very successful.

Te parti a grŵp gemau, 1922. Criw mawr iawn – tybed beth oedd yr achlysur?

A tea party and a sports group, 1922. A large group – what could have been the occasion?

Gweithwyr cwmni 'Moira Box' oedd yn paratoi bocsys cyflwyno modrwyau.

Staff at the Moira Box company who put together ring presentation boxes.

Y clwb bocsio ynghyd â'r diweddar Siân Thomas, brenhines carnifal 1966.

The boxing club with the late Siân Thomas, 1966 carnival queen.

Cryddion Trawsfynydd ar ddiwedd y bedwaredd ganrif ar bymtheg.

Trawsfynydd cobblers at the end of the nineteenth century.

Ras Droi gydag aradr gystadlu Robert Owen, gof Trawsfynydd, yn Llanuwchllyn, tua 1920.

Llanuwchllyn Ploughing Competition with Robert Owen, Trawsfynydd's blacksmith and his competition plough, circa 1920.

(Chwith i'r dde / *Left to right*): Thomas Ellis Thomas (Fronolau), anhysbys, anhysbys, Gruffydd Owen, W R Williams (Hendre), Robert Owen (Pen Gof), John Edwards a Robert Hywel Edwards (Llwyn Mawr, Parc).

Y Brithyll.

(Rhes gefn / *Back row*): Dei Williams, John Jones, Garffild Lewis.

(Rhes flaen / *Front row*): Glyn Jones, Gareth Jones, Wil Morris.

Morys-ddawnswyr.

Morris Dancers.

(O'r chwith i'r dde a'r top i'r gwaelod / *From left to right and top to bottom*)
Linda Hughes, Alison Seaton, Gwenda Jones, Shirley Ann Rowlands.

Rhodd Davies, Nita Kreft, Carol Ann Seaton, Jackie Barker, Pat McCormic.

Gillian Hughes, Donna Lyn Jones, Julie Sturdy.

Jane Morris, Karren Wyn Fazakerley.

Prysor Rovers 1908–09.

Prysor Rovers 1908–09.

Enillwyr Cwpan Pantyfedwen yr Urdd yn Aberystwyth.

Winners of the Urdd Pantyfedwen cup in Aberystwyth.

(Top, chwith i'r dde / *left to right*): Gruffydd Morris, Don McCaffrey, Ned Rowlands, David Tudor, Elwyn Fowkes Morris, Gwilym Jones, John Snarr, Arwel Williams.

(Gwaelod/*bottom*): William Morris, Geraint Morris, Tony Jones, John Rees, Meirion Morris, Eryl Vaughan Lewis, Arthur Owen.

Parti merched yn Eisteddfod Genedlaethol Llandudno 1963, gyda Haf Morris yn arwain.

Girls' party at the National Eisteddfod at Llandudno in 1963, with Haf Morris conducting.

Côr cymysg yn yr Eisteddfod.
Mixed choir at the Eisteddfod.

Côr Pensiynwyr.

Pensioners' Choir.

Ysgol Frytanaidd Trawsfynydd, 1905.

Trawsfynydd British School, 1905.

Llun ysgol o ferched gyda ffaniau, wedi eu gwisgo mewn ffrogiau 'Siapaneaidd', a dynnwyd yn y 1910au.

A school photograph of girls with fans, and wearing 'Japanese' dresses, taken in the 1910s.

Ysgol y Cyngor, Trawsfynydd, 1921.

Trawsfynydd Council School, 1921.

Plant Ysgol Trawsfynydd, 1948.

Trawsfynydd School Children, 1948.

Gwers recorder yn yr ysgol yn y 1950au.

School recorder class in the 1950s.

Ysgor Gynradd Trawsfynydd, 1953.

Trawsfynydd Primary School, 1953.

Dosbarth Babanod Ysgol Trawsfynydd, 1955.

Trawsfynydd School Infants Class, 1955.

Miss Evans a phlant Ysgol Trawsfynydd.

Miss Evans and Trawsfynydd School Children.

(O'r chwith i'r dde / *From left to right*)

(Rhes flaen / *Front row*): Robin J Roberts, Arfon Evans (Cefnclawdd), Ieuan Roberts, Freddie Dawson, Willie Gorham, Glyn Owen (Isallt).

(Ail res / *Second row*): Elwyn Williams, Tom (Ty'n Pistyll), Ronald Wilson, Evan (Islaw'r Coed), Caradog Edwards, Eric Hughes, Danny Quinn.

(Trydedd res / *Third row*): Bess (Glyndŵr), Eunice Rowlands, Glenys Hughes, Nancy (Fronwnion), Jennie (Bont), Eddie Pugh, Bob (Tŷ Cerrig).

(Rhes gefn / *Back row*): Annie Williams, Kathleen Jones, Maggie Catherine, Peggy Edwards, Barbara Gumbleton, Menna Haley, Nellie Jones.

(Athrawes / *Teacher*): Miss Evans.

Taith Ysgol Trawsfynydd, rhywbryd yn y 1950au.

Trawsfynydd School Trip, sometime in the 1950s.

Plant Ysgol Trawsfynydd yn y 1960au.

Trawsfynydd School Children in the 1960s.

Plant Ysgol Bronaber.

Bronaber School Children.

Brenhines y carnifal cyntaf, Mair Jones, Llwyncrwn, 1930.

The first carnival queen, Mair Jones, Llwyncrwn, 1930.

Carnifal 1932, gyda Nesta Roberts yn frenhines.

Carnival 1932, with Nesta Roberts as queen.

Cert y carnifal ym 1937 gydag Ann Williams, Bronaber, yn frenhines.

Carnival wagon in 1937 with Ann Williams, Bronaber, as queen.

Pawb yn edrych yn drwsiadus iawn yng ngharnifal 1938. Mair Elen Jones, Caerhingylliaid, yn frenhines.

Everyone looking very smart at the 1938 carnival. With Mair Elen Jones, Caerhingylliaid, as queen.

Lorïau ar gyfer y carnifal ym 1949.

Carnival floats in 1949.

Tyrfa'r carnifal ym 1968.

Carnival crowd in 1968.

Tin town ar ei anterth, gyda Mona Café a nifer o adeiladau eraill sydd bellach wedi eu dymchwel i gyd.

Tin town at its height, including Mona Café and numerous other buildings which have all since been demolished.

Llun cynnar o'r troad i'r gwersyll milwrol ym Mronaber cyn i nifer o'r adeiladau sinc ar ochr chwith y ffordd gael eu hadeiladu.

An early photograph of the turning towards the military camp at Bronaber, before many of the tin buildings on the left hand side of the road were built.

Cerdyn busnes yn hysbysebu peiriannau stêm Evan Tudor & Sons ac yn tynnu sylw at y ffaith eu bod yn cael eu llogi gan y llywodraeth at ddefnydd y fyddin.

A business card advertising Evan Tudor & Sons tractions and making a point of the fact that they are hired by the government for military purposes.

Ceir a gyrwyr wedi eu darparu gan J M Hughes, Cambrian Garage, Trawsfynydd.

Cars and chauffeurs provided by J M Hughes, Cambrian Garage, Trawsfynydd.

Gorymdaith filwrol rhwng Berth Ddu a Thyddyn Sais tua 1907.

Military procession between Berth Ddu and Tyddyn Sais circa 1907.

Ymgyrchu yn erbyn ehangu maes tanio Gwersyll Trawsfynydd ger Pont Abergeirw, ym 1951.

Protesting against the extension of Trawsfynydd Camp's firing range near Abergeirw Bridge, in 1951.

Stesion Newydd, sef yr orsaf filwrol gyda cheffylau a thrên dwy injan (*double-headed*).

The Military Station, with horses and a double headed train.

Trafferth wrth lwytho ceffyl ar un o'r trenau milwrol.

Trouble loading a horse onto one of the military trains.

Damwain ar y trên milwrol ym 1907 pan anafwyd y ddau yrrwr a dau filwr.

An accident on the military train in 1907 when both drivers and two soldiers were injured.

Gorymdaith angladdol: noder y medalau ar y milwyr a'r arch yn y cefndir ar ysgwyddau'r milwyr eraill, yn barod i'w throsglwyddo i'r car gwn.

Funeral procession: note the medals on the soldiers and the coffin on the shoulders of the other soldiers in the background, ready to transfer to the gun carriage.

Peiriant mathru cerrig y gwersyll milwrol, er mwyn adeiladu ffyrdd.

Military Camp's stone crushing machine for road building purposes.

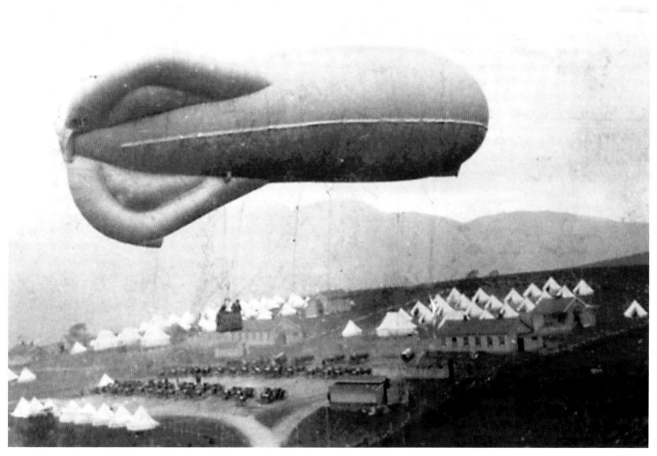

Roedd gan y Gwersyll falŵn arsyllu a bu iddi dorri'n rhydd gyda swyddogion yn ei basged ym Mehefin, 1930. Llwyddodd un dyn i neidio oddi arni, ond daliwyd troed y llall a bu'n hongian yno wrth i'r falŵn deithio am Y Bala. Aeth peth amser heibio cyn iddo gael ei achub.

The Camp had a tethered observation balloon and it broke loose in June, 1930 with officers in its basket. One managed to jump but the other man's foot was caught, and he was left hanging as the balloon drifted towards Y Bala. It took some time to rescue him.

Swyddfa Bost y Gwersyll.
The Camp's Post Office.

Cerdyn post a argraffwyd ar gyfer milwyr y gwersyll ym Mronaber.

Postcard published for the soldiers camped at Bronaber.

'Danger Farm', sef Feidiog Isa, swyddfa maes y fyddin ar y maes tanio (sydd wedi hen ddiflannu bellach ar ôl cael ei defnyddio fel targed ac i'r tir gael ei glirio gan y Comisiwn Coedwigaeth).

Danger Farm, i.e. Feidiog Isa, the army's field office in the ranges (no longer there after being used as a target and then cleared by the Forestry Commission).

Dornier Do215 a saethwyd i lawr ger Tyddyn Sais yn Hydref, 1940 gan y peilot Spitfire Dennis A Adams. Lladdwyd un o'r criw ond carcharwyd y tri arall, sef Felt Webeln, Kurt Jensen a Hans Kuhl.

Dornier Do215 that was shot down near Tyddyn Sais on October, 1940 by the Spitfire pilot Dennis A Adams. One of the crew members was killed but the other three were captured, namely Felt Webeln, Kurt Jensen and Hans Kuhl.

Dau'n bocsio i ddiddanu'r milwyr.

Two men boxing to entertain the troops.

Y Pictiwrs yn y gwersyll milwrol ym Mronaber. Adeiladwyd ef yn y 1930au ac fe barhaodd i ddangos ffilmiau hyd y 1960au.

The Cinema at the artillery camp in Bronaber. It was built in the 1930s and continued to show films until the 1960s.

Gweithlu sifil y gwersyll yn Rhiw Goch ym 1938/39.

Camp's civilian workers at Rhiw Goch in 1938/39.

Gweithlu sifil y gwersyll ym 1939.

Camp's civilian workers in 1939.

Rhiw Goch fel 'Officers' Mess' y fyddin.

Rhiw Goch as the army's Officers' Mess.

Rhiw Goch gyda phebyll y fyddin tu allan.

Rhiw Goch with army tents outside.

Dadorchuddio cofeb Hedd Wyn, 11eg o Awst, 1923.

Unveiling Hedd Wyn's statue, 11th of August, 1923.

Ted Rowlands yn canu yn seremoni dadorchuddio cofeb Hedd Wyn ar yr 11eg o Awst, 1923.

Ted Rowlands singing at the ceremony unveiling Hedd Wyn's statue on the 11th of August, 1923.

Yr Ysgwrn, cartref y prifardd Hedd Wyn, enillydd y Gadair Ddu.

Yr Ysgwrn, the home of Hedd Wyn, winner of the Black Chair.